Cinnamoroll × Ethica

大耳狗喜拿
讀倫理學

Ichigo Keywords

擺脫被情緒控制的啟示

朝日文庫編輯部—著　　**三麗鷗**—肖像著作　　林琬清—譯

前言

《 倫理學 》是17世紀荷蘭哲學家斯賓諾莎的著作。
當時處於工商業發達,生活富裕的時代,
人們經常被喜悅、羨慕、驚訝、悲傷、憎恨、貪婪等
各種各樣的情緒牽著走。

《 倫理學 》主張
人除了正面的情緒外,
也會擁有負面情緒
這是很理所當然的事情,是活著的證明,
當這些情緒越激烈,
對行為的影響越大。

你是否也有過任憑這些情緒氾濫，
傷了別人或是自己，
或是反過來被這些情緒捆綁，
導致整個人感到被禁錮而無法趕到自由的經驗呢？

只要能夠了解
這些情緒萌芽的原因，
就能重整心靈，不再受情緒影響。

為了和這些情緒打好關係，不受情緒束縛，
度過心情愉快的每一天，
讓我們一起來探索
自己和重視之人的「喜悅」與「悲傷」的來源吧！

KEYWORDS

12　我們無法一個人獨自生活，
　　大家都是在互相影響中生存的。

14　擁有相同目標的夥伴，
　　即使發生衝突，也一定能夠互相理解。

15　磨練自己的感官，去感受更多的喜悅吧。

16　成見是問題的源頭。
　　不確定的事物不要輕易說出口。

17　沒有所謂的「偶然」。
　　凡事都有其成因。

19　已經終了的過去，
　　與即將開始的未來都和「現在」緊緊相連。

20　為什麼看到喜歡的人露出微笑，
　　就會覺得很開心呢？

21　即使是負面情緒也要坦然接受。

22 只要和喜歡的人在一起，不管是喜悅還是悲傷，
   都能一起共享。

23 要好好珍惜支持你所愛之人的同伴。

24 想要對他人有所貢獻，想要獲得他人的稱讚，
   要擁有這種小小的「野心」。

25 想跟某人變得親近，那就不要空等待，
   試著主動去跟他搭話吧。

26 如果連站起來的力氣都沒有了，
   那就稍微休息一下吧。

27 愛得越深，
   失去後的恨意就會越強烈。

28 憤怒和憎恨是很自然的情緒。
   希望我們都能好好控制這些情緒。

29 以愛回報愛，以溫柔回報溫柔。

30 悲傷累積到一個程度之後，就會變成恨。

31 期待回報的親切，是悲傷和空虛的源頭。

32 一直覺得很「討厭」的事物，有時會突然變得「非常喜歡」。

33 只靠頭銜和印象評斷他人，就會遺漏最重要的事物。

34 正確答案不是只有一個。
   找出最適合自己的那個做法吧。

36 將懊悔轉變為邁向下一步的機會。

37 情感是豐富多彩的。
每個人都有各自不同的「喜悅」和「悲傷」。

38 每個人的感受方式都不一樣，
好好珍惜專屬於你的感受能力吧。

39 喜悅和欲望會成為付諸行動的契機和動力。

40 真正的「驚異」
隱藏著讓人生完全改變的未知力量。

41 為什麼人會有瞧不起人的心情呢？

42 「希望」總是伴隨著恐懼和不安。

43 心裡有所不安的時候，不要過度思考結果，
先專注於眼前的事吧。

44 必須先暫且忘卻昨日的失敗或明日的不安，
好好享受假日才行。

45 喜歡一個人不需要理由，但也別忘了要保持冷靜。

46 難度越高，克服困難時的感動就越大。

48 越不喜歡的對象，越不應該受到情緒影響，
屏除偏見，好好看清對方的本質吧。

49 誠心誠意地接受對方所施予的同情之心吧。

50 滿足感不是別人給予的，而是由自己創造的。

51 不要過度相信自己的力量，勿忘謙虛。

52 沒事的，事情並沒有自己想像中的那麼糟糕。

53 為了保持上進心，
有時會需要在意周圍的評價。

54 愛慕之意越強大，就越想要獨占對方。

55 找到能夠激發彼此的最佳勁敵吧。

56 想要傳達感謝之情和誠意時，
要以話語或態度來表達。

57 不管再怎麼生氣，光靠「以牙還牙，以眼還眼」
還是無法解決任何事情。

59 想要改變「現在」，
就要有不畏風險，勇往直前的勇氣。

60 過於想要受到認同的人，容易樹立敵人。

61 沒精神的時候，
稍微奢侈一下，吃點好吃的美食吧。

63 對自己而言最重要的是什麼？真正喜歡的是什麼？
好好面對自己的內心吧。

64 傷心之時就用巨大的喜悅來包覆，忘卻悲傷吧。

65 對未來的自己，進行更多投資吧。

66 想要改變平凡的每一天，
就要試著挑戰新事物。

67 「認真」不是為了他人，而是為了自己。

68　能夠和你共享想法和價值觀的人，
　　會成為最強大的夥伴。

69　對方是會感受到你的負面情緒的。

70　和各種類型、各種等級的人交流，
　　就能看到你真正的能力。

72　猶豫不決的時候，
　　就選擇能讓大家都高興的事物，以及能夠造福所有人的方法吧。

73　不要獨占喜悅和幸福，和大家一起分享吧。

74　身體和心靈是相連的。
　　心靈疲憊的時候，就試著活動身體吧。

75　偶爾到大自然裡舒緩一下情緒吧，
　　會變得更有精神喔。

76　小心不要吃太多零食或沉迷於購物，
　　凡事都要適可而止。

78　互相幫助，互相禮讓，能使我們的生活過得更輕鬆。

79　無法控制的愛或欲望容易傷害到別人。

80　不管有什麼理由，
　　憎恨他人都不能稱為「正義」。

81　能夠以愛與溫柔包容憎恨與憤怒的人，
　　就是「堅強的人」。

82　遇到困難時，千萬不要想太多，
　　盡可能地先做就對了。

83 比起好運獲得的「勝利」，
靠自己的努力獲得的「勝利」更令人高興。

84 待人接物時要像重視自己般地重視他人。

85 不要畫地自限，有擅長的事物就盡情去表現吧。

86 只要懷著自信下決心，
無論結果如何，應該都不會後悔。

87 「自己的事，一定自己最了解。」
其實並不見得。

88 處在凡事都合自己心意的環境，
會變成「國王的新衣」。
也要聽聽一些嚴厲的意見。

89 正當的「貪心」是沒問題的。
欲望能夠成為我們實現夢想的力量。

90 現在出現在眼前的小事，
將來說不定會演變成巨大的幸福。

91 成為一個能夠靠自己思考，判斷善惡的人吧。

92 只要我們將心思集中放在「怎麼活」，
就能從「死亡」的恐懼中解脫。

93 行動的時候，不要再去壓抑心中真正的想法了，
誠實面對自己的內心吧。

95 對與自己結下深厚情誼的朋友和同伴心懷感激。

96 廣泛的知識和教養會成為人生中各種場面的武器。
持之以恆地學習吧。

97 只要瞭解到學習的樂趣，就能讓每天過得更加充實。

99 不要隨波逐流，要有自己的中心思想。

100 遠離誘惑，積極接觸對自己有幫助、
有益的事物吧。

101 只要受到憎恨和忌妒等情感控制，
就永遠無法有交集。

102 能夠改變人心的，是愛對方、接納對方的胸襟。

103 跳脫出這個小小的世界，去接觸形形色色的人吧。

104 人際關係沒有正確答案。
不管跟誰來往，都要謹慎細心。

105 讓日子過得神清氣爽的三個精神準則。

106 結合眾人之力，就能產生巨大的改變。

108 表面上的往來只會耗損心靈而已。
其實自己一個人也不錯。

109 將未考慮到對方狀況的「正理」強加於對方身上，
是缺乏自信的反照。

110 想跟憧憬的人增進情誼，
就直接把尊敬之情告訴對方吧。

111 將身體狀況調整好，才能隨時隨地發揮全力。

112 金錢是買不到幸福的。
不要被金錢牽著走，與金錢打好關係吧。

113 平時要小心謹慎別浪費，
真的需要時就要毫不猶豫地花下去。聰明用錢才是王道。

114 不要被無憑無據的迷信和謠言牽著走，
要靠自己看清真相。

115 煩悶的感覺到底是從哪冒出來的？

117 儘可能遠離憤怒、不安或焦慮的源頭。

118 接納自己的負面情緒，並徹底了解它。

119 別不敢面對現實。
接受結果，就能看到繼續往前的路。

120 每個人都擁有能夠克服過去悲傷或痛苦的力量。

121 若是能讓多數人展露笑容，就能產生更大的喜悅。

122 情緒快要爆發時，先來緩緩做個深呼吸吧。

123 只要能一一解決害怕的原因，總有一天能夠克服該事物。

124 重要之人的記憶會保留到天長地久，
永遠不會忘記。

125 只要擁有健康的身體，心靈也能一直保有活力。

126 人生只有一次，盡情享受這個「生命」吧。

我們無法一個人獨自生活，
大家都是在互相影響中生存的。

再堅強聰明的人，都無法只貫徹自己的意志走完一生。
我們會在不知不覺中受到周遭的人或環境變化影響。

意志只能被稱為必然原因，而無法被稱為自由原因。〈第一部　定
理三二〉

擁有相同目標的夥伴，
即使發生衝突，也一定能夠互相理解。

進行團隊活動時，難免會有一些意見衝突。但大家都是
為了共同目的齊聚一堂的同志，只要能夠鍥而不捨地溝
通，互相尊重彼此的意見，一定就能無事不成。

不具共通點的事物，無法成為另一事物的原因。〈第一部　定理
三〉

磨練自己的感官，
去感受更多的喜悅吧。

身體具備視覺、聽覺、嗅覺、味覺和觸覺等多種知覺。
運用這些感官，深入理解事物的真諦，找出全新的發現
和喜悅吧。

人類的心靈能夠感知極多事物，並且身體受到方式的影響越多，心
靈的感知能力越大。〈第二部　定理一四〉

成見是問題的源頭。
不確定的事物不要輕易說出口。

有時出於親切而說出口的資訊其實是假的，不但會給對
方帶來困擾，還會使彼此的信賴關係產生裂痕。因此在
向他人傳遞訊息時，要特別注意資訊的真實性。

虛假是包含不完整或有殘缺且混亂觀念的知識匱乏。〈第二部　定
理三五〉

沒有所謂的「偶然」。
凡事都有其成因。

聰明的人即使遇到意外之事,也會認為那是「應發生的
事」,而不會認為那是「偶然」,並且會去思考事情的
成因,並將所思所學轉換成經驗和知識。

理性的本性認為事物為必然,而非偶然。〈第二部　定理四四〉

已經終了的過去，

與即將開始的未來都和「現在」緊緊相連。

現在回想起過去的某件事還是會覺得高興，光是想像未
發生的事就會覺得傷心。不要被這些情緒牽著走，好好
度過眼前的「這一刻」吧。

人對事物過去或未來的印象，會讓該事物現在的印象接受到相同的
喜悅和悲傷。〈第三部　定理一八〉

為什麼看到喜歡的人露出微笑，
就會覺得很開心呢？

看到喜歡的人傷心，內心就會覺得難受。那一定是因為
你動用了所有想像力去想像對方現在的心情吧。

當人想像自己所愛之物遭到否定時會覺得悲傷，想像所愛之物受到
保護時則會感到喜悅。〈第三部　定理一九〉

即使是負面情緒也要坦然接受。

當不喜歡的人受到責難時,會感到些許開心,這代表你
「想從壓抑自己的事物逃開」,這是一種自然的情緒表
現。

當人想像自己所恨之物遭到否定時會覺得喜悅。〈第三部　定理二
○〉

只要和喜歡的人在一起，
不管是喜悅還是悲傷，
都能一起共享。

相愛的兩人在一起幸福會倍增，不幸會減半。所以心裡
越是重視對方，就會越想隨時和對方在一起。

當人想像自己所愛之物感到喜悅或悲傷時，自己也會感到喜悅或悲
傷。〈第三部　定理二一〉

要好好珍惜支持你所愛之人的同伴。

心愛之人的同伴或盟友對自己而言，也是無可取代的存
在。反之，對於傷害我們所愛之人的人，自然也會懷有
恨意。

如果我們想像某人為我們所愛之物帶來喜悅，我們也會愛那個人。
〈第三部　定理二二〉

想要對他人有所貢獻，想要獲得他人的稱讚，
要擁有這種小小的「野心」。

儘管無法為了自己努力，但如果能讓別人開心，就會產
生動力。想獲得他人的稱讚，想成為受歡迎的人，懷著
這小小的「野心」，為身邊的人帶來幸福吧。

對於想像中人們所期待樂見的事物，我們也會努力去達成。〈第三
部　定理二九〉

想跟某人變得親近，那就不要空等待，
試著主動去跟他搭話吧。

當有人信任自己，或對自己有好感時，就會想回應對方
的心意。因此如果心中有在意的人，想跟他變得親近的
話，就試著主動和對方接觸吧。

當我們想像所愛之物對我們的情感越強烈，就會覺得越光榮。〈第
三部　定理三四〉

如果連站起來的力氣都沒有了，

那就稍微休息一下吧。

受到的打擊越大，內心所需的療傷時間越久。在能量充滿之前，盡情去做些喜歡的事，幫自己的心靈充充電吧。

源於悲傷、喜悅，亦或是源於恨、愛的情緒起伏越大，由此而生的欲望就會越強烈。〈第三部　定理三七〉

愛得越深，
失去後的恨意就會越強烈。

一次的背叛會讓心情像魔法解除般冷卻……。一起度過
的時間越密集，就會覺得對方越遙遠，進而演變為滿滿
的恨意。

若人開始憎恨他所愛的事物，當這份愛完全消失之後，（略）消失
之前的愛越強烈，對該事物的恨就會越強烈。〈第三部　定理
三八〉

憤怒和憎恨是很自然的情緒。
希望我們都能好好控制這些情緒。

會對妨礙自己和對自己做出厭惡之事的人懷有恨意，是
每個人都會有的情緒。但千萬別想著要「以牙還牙」，
找出能夠好好控制負面情緒的方法吧。

憎恨他人的人，會努力為自己所恨之人帶來災禍，（略）並會努力
為所恨之人帶來不幸。〈第三部 定理三九〉

以愛回報愛，以溫柔回報溫柔。

不考慮得失，能夠純粹為了對方著想的親切之人是很美好的。如果大家都能以親切回報他人，那該有多棒啊。

當人想像自己被他人所愛，並相信這份愛是沒來由的，那他就會反過來愛那個人。〈第三部　定理四一〉

悲傷累積到一個程度之後，
就會變成恨。

明明沒有任何原因或理由，對方就單方面地對自己冷
淡，是一件很悲傷的事，這份悲傷會逐漸變為恨。一旦
發現雙方開始失和的話，就趕緊說開吧。

當人相信自己被他人所恨是沒來由的，那他就會反過來恨那個人。
〈第三部　定理四〇〉

期待回報的親切，
是悲傷和空虛的源頭。

想要被他人感謝，想要獲得他人好評，為了追求回報對
人「親切」，一旦發現對方絲毫不懷感謝之意，就會覺
得傷心。但真正的親切是不計較得失的。

為了愛和虛榮而對人親切的人，一旦知道對方絲毫不感激他的恩
情，就會感到悲傷。〈第三部　定理四二〉

一直覺得很「討厭」的事物，
有時會突然變得「非常喜歡」。

原本以為很可怕的人或是很討厭的事物，都很有可能因
為一點小事，而使印象產生180度大翻轉。或許是接觸
到對方的溫柔，或許是看到其意外的一面。不要錯失那
一瞬間喔。

因愛而被完全克服的恨，會轉變為愛。〈第三部　定理四四〉

只靠頭銜和印象評斷他人，
就會遺漏最重要的事物。

只靠一個人的屬性或地位來評斷他人，很有可能會忽略
些什麼。即使是相同立場的人，也未必會有相同看法。
不要先入為主，先跟每一個人都好好聊過吧。

人若是因為階級或人種這類普遍名稱而感到喜悅或悲傷，（略）那
麼他就會愛或恨其全部。〈第三部　定理四六〉

正確答案不是只有一個。
找出最適合自己的那個做法吧。

同樣一件事情，有人輕輕鬆鬆就能達成，有人會覺得很
困難。重點不是速度，而是達成目標。不要和他人相
比，按照自己的步調，一步一步向前邁進吧。

不同的人能受到同一對象以不同的方式影響；而同一個人也能受到
同一對象在不同時間以不同的方式影響。〈第三部　定理五一〉

將懊悔轉變為
邁向下一步的機會。

明明已經很努力了卻還是無法如願以償，這時會產生無
力感。好好反省完自己的做法是否正確，準備是否妥當
後，就不要再踟躕不前，繼續往下一條路邁進吧。

當心靈想像自己缺乏力量時，就會為此感到悲傷。〈第三部　定理
五五〉

情感是豐富多彩的。
每個人都有各自不同的
「喜悅」和「悲傷」。

一百個人有一百種喜悅、悲傷、欲望的原因。每個人會
對什麼事物感到喜悅及悲傷，各有不同。不要用自己的
標準來衡量他人的心情。

喜悅、悲傷與欲望，（略）以及會讓我們感到迷惘的所有情感，
（略）都和會影響我們情緒的對象種類一樣多。〈第三部　定理
五六〉

每個人的感受方式都不一樣，
好好珍惜專屬於你的感受能力吧。

面對相同一件事，或是看著同一個風景，有人會覺得快
樂，也有人會感到寂寞。個人的感受就像是那個人的個
性。好好尊重自己與他人的不同吧。

任何一個人的情感，都不會和其他個人的情感相同。〈第三部　定
理五七〉

喜悅和欲望會成為付諸行動的
契機和動力。

人為了能讓自己開心的事物或想要的事物，再麻煩的事
也會努力克服，付諸執行。遇到困難的工作時，或許可
在超越困難後，為自己準備一些能夠滿足喜悅或欲望的
獎勵也不錯喔。

所有和心靈運作相關的情感，都和喜悅或欲望有關。〈第三部　定
理五九〉

真正的「驚異」
隱藏著讓人生完全改變的未知力量。

當透過以往的經驗和知識都無法理解的事物出現在眼前
時，腦中會一片空白，並讓價值觀徹底翻轉。真正的
「驚異」就是有這麼強大的力量。

驚異是心靈被其束縛而無法動彈的一種想像。〈第三部　情感的定
義四〉

為什麼人會有
瞧不起人的心情呢？

原本就不太喜歡的人，一旦發現他討人厭的一面，就會更下意識地輕蔑對方。但堆積這樣的情感對自己並無好處。那是因為你只願意看對方不好的一面，才會越來越討厭對方而已。

嘲笑是我們想像輕蔑之物存在於我們的憎恨當中所產生的喜悅。
〈第三部　情感的定義一一〉

「希望」總是伴隨著恐懼和不安。

想像未來的夢想和理想的樣貌是很快樂、很雀躍的事。
可是另一方面，一旦過去的失敗經驗閃過腦海，就會開
始變得不安。但並不是只有你會這樣，為了實現你的夢
想，充實地度過每一天吧。

希望是一種不穩定的喜悅。〈第三部　情感的定義一二〉

心裡有所不安的時候，
不要過度思考結果，
先專注於眼前的事吧。

當遇到責任重大的工作和沒經歷過的事時，會沒有自
信，會覺得害怕。這時就先把念頭放在眼前的事物上
吧，這麼一來，或許就能在不知不覺間，一步步朝著目
標邁進。

恐懼是一種不穩定的悲傷。〈第三部　情感的定義一三〉

必須先暫且忘卻
昨日的失敗和明日的不安，
好好享受假日才行。

難得的星期天，卻一直想著上週的失誤和煩惱明天的
事，而變得鬱鬱寡歡，實在是太浪費了。不如做些喜歡
的事，打從心底放鬆一下吧。

平穩安樂是一種喜悅。〈第三部　情感的定義一四〉

喜歡一個人不需要理由，
但也別忘了要保持冷靜。

平時都會仔細審視一個人的外觀和個性，可是一旦墜入
情網，就很容易情人眼裡出西施。這時應該要保留一些
空間，傾聽旁人的忠告，冷靜觀察。

過譽是指因為愛而對他人評價過高。〈第三部　情感的定義二一〉

難度越高，
克服困難時的感動就越大。

即使是心中覺得「絕不可能辦到」的事，也要試試看才
會知道結果。從失敗中吸取教訓，並聆聽他人意見，說
不定就能找到突破關鍵。克服困難之後，會有巨大的喜
悅和感動在等著自己。

歡喜是一種過去的觀念超越恐懼並得以實現所伴隨而來的喜悅。
〈第三部　情感的定義一六〉

越不喜歡的對象，越不應該受到情緒影響，
屏除偏見，好好看清對方的本質吧。

當我們討厭一個人時，容易把對方看得過低。可是遇到
工作時就得分開來看，不能光用個性和人格來評斷對
方，要從那個人的能力和經驗值來進行判斷。

藐視是指因為恨而對他人評價過低。〈第三部　情感的定義二二〉

誠心誠意地接受對方所施予的
同情之心吧。

難過的時候，會想跟情人或朋友訴苦，可是有時對方太
快有共鳴，就會忍不住懷疑對方是否真的理解自己的心
情。但還是要感謝對方願意聽自己說話喔。

同情是指看到他人幸福就會感到開心，反之看到他人不幸就會感到
悲傷的愛。〈第三部　情感的定義二四〉

満足感不是別人給予的，
而是由自己創造的。

比起單方面被授予，靠自己的辛勞獲得成果會比較令人
開心，憑自己思考和實行也比較容易成功。

滿足是一種思索自己與自己的活動能量所產生的喜悅。〈第三部
情感的定義二五〉

不要過度相信自己的力量，
勿忘謙虛。

凡事一帆風順會使人傲慢，容易引人反感，順利的時候
更要謹言慎行。請務必將此事放在心底，隨時銘記在
心。

傲慢是指因為對自己的愛，而對自己評價過高。〈第三部　情感的
定義二八〉

沒事的，
事情並沒有自己想像中的那麼糟糕。

困境連連時會開始懷疑是不是都是自己的錯，會感到自卑，容易失去冷靜。不要過度責備自己，可以聽聽看周遭的人如何看待這件事情。

自卑是指因為對自己的悲傷，而對自己的評價過低。〈第三部　情感的定義二九〉

為了保持上進心，
有時會需要在意周圍的評價。

自己負責的工作以及費時完成的作品若能獲得好評，或
是有人為此而感動，會覺得相當驕傲。受人認可的喜悅
也是維持上進心的動力。

名譽（虛榮）是一種喜悅，也就是想像有人稱讚自己的行為觀念伴
隨而來的喜悅。〈第三部　情感的定義三〇〉

愛慕之意越強大，
就越想要獨占對方。

愛慕一個人的時候，一開始只要待在一起就會覺得開
心，可是隨著喜歡的心情增加，就會逐漸想要獨占對
方。但如果只是單方面地將自己的心意強加在對方身
上，反而會造成對方困擾，要小心避免。

思慕是想將某樣事物成為自己所有的欲望或衝動。〈第三部　情感
的定義三二〉

找到能夠激發彼此的最佳勁敵吧。

朝著遠大目標前進時，比起一個人奮鬥，有個擁有相同目標的勁敵會更令人振奮。一個人容易怠惰，有對手就會隨時抱持「不想輸」的競爭心理努力奮戰。

競爭心理是對某種事物的欲望。〈第三部　情感的定義三三〉

想要傳達感謝之情或誠意時，
要以話語和態度來表達。

家人、朋友、工作夥伴，我們身邊有許多關心我們的
人。不要把別人的親切視為理所當然，感謝之意要好好
表達出來。

感恩的心或感謝之情是一種想對曾經為了我們，竭盡心力付出愛的
人友善的強烈欲望或愛。〈第三部　情感的定義三四〉

不管再怎麼生氣，
光靠「以牙還牙，以眼還眼」
還是無法解決任何事情。

對於憤怒的對象會抱持恨意，會想報復對方。但如果真
的這麼做了，我們就跟那個討厭的人沒什麼兩樣。即使
不甘心，也要咬牙忍耐，斬斷這個惡性循環。

憤怒是因為憎恨而驅使我們想去危害憎恨之人的欲望。〈第三部
情感的定義三六〉

想要改變「現在」，
就要有不畏風險，勇往直前的勇氣。

想要成就大事，就要脫離舒適圈。讓自己身處在困難的
環境不僅有助於成長，風險越大，獲得也會越多。

勇敢是指不惜冒著危險，也要去做些同輩不敢衝刺之事的欲望。
〈第三部　情感的定義四〇〉

過於想要受到認同的人，
容易樹立敵人。

擁有遠大的夢想和野心是好事，但別忘了回頭看看自己
是否有擺出「只要自己好就好」的傲慢態度。大家都會
想遠離以自我為中心的人。

野心（榮譽心）是指過度追求名聲、喪失節制的一種欲望。〈第三
部　情感的定義四四〉

沒精神的時候，

稍微奢侈一下，吃點好吃的美食吧。

過度忙碌，吃飯只顧吃飽就好，會讓人覺得食之無味。
不妨偶爾豁出去來頓奢侈的午餐？真正的美食會給心靈
和身體帶來滿滿的元氣。

貪食是對美食毫無節制的一種欲望，或是一種愛。〈第三部　情感
的定義四五〉

對自己而言最重要的是什麼？
真正喜歡的是什麼？
好好面對自己的內心吧。

身邊有太多事物和資訊纏身時，會搞不清楚什麼才是真
正重要的。這時不要被他人的意見迷惑，由自己的內心
找出答案，如此一來應該就能找出最自己而言最重要的
事物。

每個人都在按照各自的本性法則來追求自己斷定為善的事物，排斥
自己斷定為惡的事物。〈第四部　定理一九〉

傷心之時
就用巨大的喜悅來包覆，
忘卻悲傷吧。

過去的痛苦經驗或悲傷回憶，都只能靠足以覆蓋這些情
緒的巨大喜悅才能消解。因此我們應該要積極樂觀，找
出更多開心喜悅的事吧。

情感必須透過另一種相反且更為強烈的情感才能抑制或消除。〈第
四部　定理七〉

對未來的自己，進行更多投資吧。

為了擁有美好的將來，可以試著挑戰考證照、學習語言、才藝。這些都會在工作或是生活等各種場面中提升你的價值。

越是努力追求自己的的利益，換言之，就是努力維持自己存在的人，且越有能力這麼做的人，就越能受到德性的眷顧。〈第四部定理二〇〉

想要改變平凡的每一天，
就要試著挑戰新事物。

「每天往返住家和公司讓人覺得很不滿足。」光是抱怨
並無法改變任何事。不妨去上些才藝體驗課程，或到公
園慢跑，試著挑戰新事物吧。或許會有令人高興的發現
和邂逅喔。

如果每個人都不同時希望存在、活動、生存，（略）就不會想要有
好的行動和好的生活。〈第四部　定理二一〉

「認真」不是為了他人，
而是為了自己。

心不甘情不願地做些他人命令，或是他人逼你做的工
作，不但心裡會覺得痛苦，對自己也不會有半點好處。
但是能想著「這些都是為了自己」的話，認真應對，一
定會對自己有所助益的。

沒有人會為了其他事物，努力維持自己的存在。〈第四部　定理
二五〉

能夠和你共享想法和價值觀的人，
會成為最強大的夥伴。

挑戰新事物之際，有人會予以贊同，給你支持，也有人
會反對，扯你後腿。即使環境和生活型態不同，只要能
共享相同的價值觀，這樣的朋友將會是一生的寶物。

若某樣事物和我們的本性一致，光是這樣就必然是善。〈第四部
定理三一〉

對方是會感受到你的負面情緒的。

心中懷著憎恨和悲傷的負面情緒和對方接觸，會把這些
情緒傳染給對方。有意識地控制過度的情緒，才能讓彼
此的關係慢慢改善。

只要人受到被動情緒影響，他們就有可能彼此對立。〈第四部　定
理三四〉

和各種類型、各種等級的人交流，
就能看到你真正的能力。

學習技藝時，不妨和各種程度的人一起練習。和他人比
較不但能瞭解自己目前的程度，說不定還能找到進步的
方法。

人類努力維持自身存在的力量是有限的，同時會被外在力量無限地
超越。〈第四部　定理三〉

猶豫不決的時候，
就選擇能讓大家都高興的事物，
以及能夠造福所有人的方法吧。

不知道該從兩個選項中選哪個時，就選擇能夠貢獻他人
的一方吧。比起對自己有利，能幫到多數人的選項一定
比較有價值。

對於追求德性的人而言，最大的善是所有人共通，且得以讓所有人
均享。〈第四部 定理三六〉

不要獨占喜悅和幸福，
和大家一起分享吧。

受人尊敬的人，不會獨占喜悅和幸福。他們不會想著
「獨善其身」，而是會祈求他人也能夠幸福。好想成為
這麼了不起的大人。

追求德性的人在為了自己追求善的同時，也會希望能夠幫到自己以
外的人。〈第四部　定理三七〉

身體和心靈是相連的。

心靈疲憊的時候，就試著活動身體吧。

過度忙碌的時候，會容易覺得不耐煩和有消極的傾向。
心靈感到疲憊時，更應該去運動、伸展身體、散步，會
讓身心都變得舒暢喔。

能對人體造成多方面刺激的事物，（略）對人類而言就是有益的。
〈第四部　定理三八〉

偶爾到大自然裡舒緩一下情緒吧，
會變得更有精神喔。

下次放假不妨試著早點起來，到山上或海邊走走吧。在
舒適的日照和清爽的空氣中，身心靈都會變得輕盈舒
爽，一些小煩惱也會一吹而散。

舒爽不會過度，且通常是善。〈第四部　定理四二〉

小心不要吃太多零食或沉迷於購物，
凡事都要適可而止。

狂吃零食，瘋狂購物，想讓自己過得更加愉快，這樣的
情緒一旦無法克制，就會導致成癮中毒。凡事都要適可
而止。

愉快會過度。〈第四部　定理四三〉

互相幫助，互相禮讓，
能使我們的生活過得更輕鬆。

遇到有困難的人出手相助，確實遵守社會上的規則。雖
然都是小事一樁，但其實非常重要。為了讓大家都能獲
得幸福，要多多關懷別人。

對人類共同社會生活有助益，或是能使人們和睦生活的事物都是有
益的。〈第四部　定理四〇〉

無法控制的愛或欲望
容易傷害到別人。

即使是單純出於好意，但無視對方心情的舉動，只要一
過度，就會變成自私的行為。不要只顧著把自己的心情
強加給對方，也要考慮對方的狀況。

愛和欲望都會過度。〈第四部　定理四四〉

不管有什麼理由，
憎恨他人都不能稱為「正義」。

即使錯在對方，一旦以此理由進行報復，就只會削減自
己的價值而已。請隨時保持冷靜，不要讓心情受到憎恨
控制。

憎恨絕不會是善。〈第四部　定理四五〉

能夠以愛與溫柔
包容憎恨與憤怒的人，
就是「堅強的人」。

備受尊敬的人深知「憎恨」的空虛及可怕。即使面對恨
自己的對象，也會接納他，以誠相待。希望我們都能擁
有如此廣闊的胸襟。

在理性的引導中生活的人，會盡可能努力反過來以愛（略）來回報
他人對自己的憎恨、憤怒、輕蔑等。〈第四部　定理四六〉

遇到困難時，千萬不要想太多，
盡可能地先做就對了。

真正有品格的人，看到有難之人，不會覺得憐憫或同
情。在擁有這類情緒之前，他們會先去想自己能做的最
佳策略，並盡速執行。

對於在理性的引導中生活的人而言，憐憫本身就是一種惡，並且毫
無用處。〈第四部　定理五○〉

比起好運獲得的「勝利」，
靠自己的努力
獲得的「勝利」更令人高興。

即使偶然運氣好獲得成功，高興也只是一時的。但如果
是自己想方設法，拚命努力獲得的「成功」，會永久留
在記憶裡，滿足感也會大為提升。

滿足可源自理性，且唯有源自理性的滿足，才是最至高無上的。
〈第四部　定理五二〉

待人接物時
要像重視自己般地重視他人。

有些人跟他在一起，就會讓大家覺得舒服。那是因為他
會顧慮周遭的感受。會關懷他人，不會只想著自己的
人，身邊會有許多優秀的夥伴聚集。

好意並不和理性相背，反而還一致，並且還可源自於理性。〈第四
部 定理五一〉

不要畫地自限，
有擅長的事物就盡情去表現吧。

明明是擅長的，卻低調地說「我只會一點點」。這樣的
人看起來雖然謙虛客氣，但換個角度來看，只是在畫地
自限而已。謙虛有時也會成為自己成長的絆腳石。

謙遜（自卑）不是德性，或者說並非源自於理性〈第四部　定理
五三〉

只要懷著自信下決心，
無論結果如何，應該都不會後悔。

心中感到懊悔，「如果那時有那樣做就好了。」仔細想
想看，自己是否有過不經思考就下決定的事呢？如果是
在自己接受的情況擔下的責任，不管結果如何，應該就
都能承受了吧。

對自己的作為感到懊悔的人，是雙重悲慘，或者說是雙重無力。
〈第四部　定理五四〉

「自己的事，一定自己最了解。」
其實並不見得。

有時會過度自信，有時會過度軟弱，這些時候都很有可能是因為錯看了自己的能力界線或可能性。聆聽旁人客觀的意見，重新看清楚自己吧。

極端的傲慢或自卑都是對自己的最大無知。〈第四部 定理五五〉

處在凡事都合自己心意的環境，
會變成「國王的新衣」。
也要聽聽一些嚴厲的意見。

身邊如果都是一些會講好聽話的人，不但輕鬆又愉快。
可是這些人未必都在認真為你著想。嚴厲的意見當中，
說不定會有珍貴的建議喔。

傲慢的人會喜歡阿諛奉承的人出現在自己身邊。〈第四部　定理
五七〉

正當的「貪心」是沒問題的。
欲望能夠成為我們實現夢想的力量。

任誰都會有「想變漂亮」、「想拿到好成績」等許許多
多的欲望，我們會為了滿足這些欲望而努力。正當的欲
望有助於我們朝著夢想和目標成長邁進。

擁有理性泉源的欲望不會過度。〈第四部　定理六一〉

現在出現在眼前的小事，
將來說不定會演變成巨大的幸福。

明知道會後悔，還是忍不住把興趣放得比工作和學習還
重。人總是容易先被身邊的誘惑吸引。希望能夠正確選
擇真正重要的事物啊。

比起眼前的小善，我們會更願意追求未來的大善；比起未來的大
惡，更寧願承受眼前的小惡。〈第四部　定理六六〉

成為一個能夠靠自己思考，
判斷善惡的人吧。

所有的行為都是正確的，世上很少有這種完人。儘管如
此，我們還是要為了做出正確的判斷，努力學習更多事
物，累積更多經驗。

若人與生俱來就是自由，那只要人還保有自由的這段期間，就不會
形成對善惡有任何概念設想了。〈第四部　定理六八〉

只要我們將心思集中放在「怎麼活」，
就能從「死亡」的恐懼中解脫。

盡全力活在當下的人，不會去煩惱自己無可奈何的「死
亡」。只要專注於思考「該怎麼活」才能活出更好的人
生，就不會被「死亡」的恐懼牽著走。

自由的人最不會去思考的就是死亡。〈第四部　定理六七〉

行動的時候，
不要再去壓抑心中真正的想法了，
誠實面對自己的內心吧。

為了重要的工作和遠大的目的，採取自己不喜歡的行動。這樣不但不自然，還會覺得很拘束。不要欺騙自己的內心，採取行動時，對自己「內心真正的想法」誠實吧。

自由的人絕不行事以欺，而是永遠行事以誠。〈第四部　定理七二〉

對與自己結下深厚情誼的
朋友和同伴心懷感激。

平常都是各自獨立，不會向彼此撒嬌或依賴彼此，一旦
發生緊急狀況，就會立刻關心對方。沒有利益得失，能
夠互相關懷的朋友是無可取代的。

只有自由的人才會對彼此最為感謝。〈第四部　定理七一〉

廣泛的知識和教養
會成為人生中各種場面的武器。
持之以恆地學習吧。

除了對工作有幫助的證照和語學之外，對歷史、文學、
音樂、美術等各種事物感興趣也是很重要的。只要有正
確的知識，就能夠正確判斷事物，不受情緒影響。

人生當中最有益的，就是盡可能地去完成我們的知性或理性。〈第
四部　附錄四〉

只要瞭解到學習的樂趣，
就能讓每天過得更加充實。

從不了解到慢慢變得了解是一件很快樂的事。擴展自己
的視野，就會想認識更多新世界，還會感覺到自己的成
長，度過充實的每一天。

理性生活絕對無法缺乏認知理解。〈第四部　附錄五〉

不要隨波逐流，
要有自己的中心思想。

受到他人意見左右，看他人臉色，老是在意他人想法的
話，會變成中心思想容易擺盪不定的人喔。只要覺得自
己是正確的，就要毫不猶豫地行動。要擁有這樣強烈的
信念。

以人作為動力的一切事物必定是善。（略）除非來自外在因素，否
則不會有任何災禍降臨。〈第四部　附錄六〉

遠離誘惑，
積極接觸對自己有幫助、
有益的事物吧。

因吃太多而感到後悔，那要不要來想想遠離誘惑的方法
呢？例如，事先決定好要買的東西，減少買零食就能減
少浪費，好事多多。

我們可以用最確實的方法，來避免那些會妨礙我們享受理性生活的
事物（略）。〈第四部　附錄八〉

只要受到憎恨和忌妒等情感控制，
就永遠無法有交集。

兩個彼此憎恨的人，永遠無法互相理解。想要改變現狀
的話，就要將憎恨的情緒擱置在一旁，試著拉近與對方
的距離。改變需要由自己做起。

當人遭受到忌妒或憎恨等情感驅使，他們彼此就會是對立的。〈第
四部　附錄一○〉

能夠改變人心的，
是愛對方、接納對方的胸襟。

使用高壓手段，時而用暴力來逼迫別人的人，只會讓人
感到害怕，無法獲得他人信賴。但凡事誠實有信用的
人，即使講出相反意見，也會願意試著豎耳傾聽。

能夠征服人心的絕不是武力，而是愛與寬容。〈第四部　附錄
一一〉

跳脫出這個小小的世界，
去接觸形形色色的人吧。

不要老是和同類的人相處，應該要積極和不同職業、年
齡、國籍的人往來。了解多元想法和價值觀，能夠拓展
視野，也有機會獲得成長。

最有益的事物，就是彼此之間的交流，透過最能結合自己和所有人
的連結，來讓彼此更為團結。〈第四部　附錄一二〉

人際關係沒有正確答案。
不管跟誰來往，都要謹慎細心。

一句微不足道的話，都很有可能傷人傷己，人際關係真
的很不容易。但有些事必須要有同伴才能辦得到。和人
來往時要互相禮讓、溝通，不要放棄，要堅持不懈。

人通常可以依照自己的本能欲望來調整所有事物，但他們共同形成
的社會卻會獲得更多利益大於危害。〈第四部　附錄一四〉

讓日子過得神清氣爽的
三個精神準則。

不做非正道的之事、公平對待眾人、隨時不忘禮貌。乍
看之下很普通,但只要有這三個精神準則,就能度過舒
適的每一天。不如就從今天開始執行吧。

能夠帶來內心和睦的事物,源自於正義、公平、高尚。〈第四部
附錄一五〉

結合眾人之力，
就能產生巨大的改變。

發生無法獨自解決的問題時，就需要眾人的力量。即使
是平時對立的人，緊急時也要團結一致。發揮各自擅長
的領域，一起突破難關吧。

協助有難之人，是遠超越個人力量和利害關係的問題。〈第四部
附錄一七〉

表面上的往來只會耗損心靈而已。

其實自己一個人也不錯。

害怕被排擠，附和他人的意見，不斷討他人歡心只會耗
損心靈而已。與其勉強自己，不如好好享受一個人的時
間，絕對會對自己比較有利。

阿諛奉承雖能產生內心和睦，但都是源自醜陋的從屬關係和背信行
為。〈第四部　附錄二一〉

將未考慮到對方狀況的
「正理」強加於對方身上，
是缺乏自信的反照。

越是沒自信或內心不夠從容的人，越喜歡宣揚大道理，
逼迫別人聽信。即使他說的是正確的，但完全不考慮對
方的狀況和想法，那就只是自我滿足而已。

自卑裏著正義感和宗教信仰的虛偽外衣。〈第四部　附錄二二〉

想跟憧憬的人增進情誼，
就直接把尊敬之情告訴對方吧。

在工作場合、興趣、日常生活中，如果遇到一個讓你覺
得「好想成為他」的人，就要積極與他接觸。只要抱著
單純的憧憬和尊敬之心，相信對方一定也會願意敞開心
房，和你增進情誼。

順從，也就是想要取悅他人的欲望（略）出自於理性時，就能涵括
在忠誠底下。〈第四部　附錄二五〉

將身體狀況調整好，
才能隨時隨地發揮全力。

睡眠不足、身體不舒服的時候，都會使判斷力變遲鈍，
導致無法發揮原本的能力。不管再忙，也要好好補充睡
眠和營養，做適度運動。健康管理也是我們很重要的工
作之一。

最有益的事物，是能夠導正身體所有部位功能，餵養身軀的事物。
〈第四部　附錄二七〉

金錢是買不到幸福的。
不要被金錢牽著走，
與金錢打好關係吧。

購物雖然愉快，但過度浪費的話，再多錢都不夠用，還
可能會使金錢觀麻痺。先停下腳步，仔細想想自己真正
想要和需要的東西吧。

這就是大眾認為所有喜悅都是來自貨幣的原因，因為他們幾乎無法
想像有哪些其他類型的喜悅。〈第四部　附錄二八〉

平時要小心謹慎別浪費，
真的需要時就要毫不猶豫地花下去。
聰明用錢才是王道。

想存錢的話，就要訂定具體的目標和計畫，一旦決定目
標金額，就會產生動力。有效使用金錢不但能獲得滿
足，也不會為儉約所苦。

知道金錢真正用途的人（略），能夠因應需求進行調整的人，能夠
過著知足常樂的生活。〈第四部　附錄二九〉

不要被無憑無據的迷信和謠言牽著走，
要靠自己看清真相。

不要再為那些無憑無據的迷信和謠言感到不安和焦慮
了。不輕信甜言蜜語和不合理的事，自己先確認過才是
最重要的。

迷信反過來將帶來悲傷的事物視為善，將帶來喜悅的事物視為惡。
〈第四部　附錄三一〉

煩悶的感覺
到底是從哪冒出來的？

沒來由的煩躁和悲傷。當我們不清楚這些情緒從何而來時，心情就會一直處在煩悶的狀態。設法面對自己的情緒，釐清原因，說不定就能發現化解方法喔。

一旦我們對一種被動情緒感到清晰明瞭，這份情感就不再是被動情緒了。〈第五部　定理三〉

儘可能遠離憤怒、
不安或焦慮的源頭。

盡量不要接近害怕的東西。回顧以往經驗，知道自己的
心緒會在什麼時候產生起伏，就能事先避免。

若我們將內心的激情或情感遠離某種外在原因的思想，並將這份情
感和其他思想連結，（略）愛、憎恨，以及產生這類情感的心緒動
搖就會消失。〈第五部　定理二〉

接納自己的負面情緒，
並徹底了解它。

我們的心中會有各式各樣的情緒交錯。不想被他人知道
的情緒，也要試著接納，不要急著否定。希望可以找出
不受該情緒影響、能夠好好控管情緒的方法，讓心靈獲
得解脫。

沒有我們無法釐清、判明的身體異變。〈第五部　定理四〉

別不敢面對現實。
接受結果，
就能看到繼續往前的路。

就像人生中沒有「如果」一樣，好事壞事的發生也都是
必然的。「怎麼可能會有這種事」，若是因此而動搖，
變得情緒化，就會裹足不前。只要冷靜接受眼前的結
果，自然能想出自己接下來該做的事情。

只要心靈理解世間萬物皆為必然，就會擁有大於情感的能力。〈第
五部　定理六〉

每個人都擁有能夠克服過去
悲傷或痛苦的力量。

任何一個人都擁有能夠跨越痛苦過去和回憶，並將其遺
忘的力量。會輸給過去，是因為虛弱，只要恢復精神，
力量就會回來了。

源自於理性的情緒，或者是理性所引發的情感（略）會比被視為不
存在的單一事物之情感更為有力。〈第五部　定理七〉

若是能讓多數人展露笑容，
就能產生更大的喜悅。

既然要做相同的事，就不要只為了自己，做些能夠造福
眾人的事吧。只要能讓人高興，自己也會產生動力，完
成後也會感到更加充實。

為了引發某種情感，而讓多種原因同時作用，那份情感就會更為強
烈。〈第五部　定理八〉

情緒快要爆發時，
先來緩緩做個深呼吸吧。

突然覺得惱怒，想要遷怒於他人或是想要口吐暴言時，
先閉上雙眼，做個深呼吸。平靜下來之後，應該就能冷
靜思考這股激烈的情緒來自何處。

只要我們未被與本性相反的情緒纏身，就會擁有能以知性理解的秩
序來安排身體異變的秩序與連結的力量。〈第五部　定理一〇〉

只要能一一解決害怕的原因，
總有一天能夠克服該事物。

一直對某些事物感到害怕。為了消除那頑強的恐懼感，
從較小的原因開始逐一克服吧。

跟多數且不同的原因（略）相關的情緒，會比只有一個原因，或少
數原因的相同情感還要無害。（略）〈第五部　定理九〉

重要之人的記憶

會保留到天長地久，

永遠不會忘記。

沒有人能逃離「死亡」。不過只要那個人的成就、說過
的話語、與人共處的時間和記憶不被忘記，就能永恆存
在。重要的回憶就永久刻劃在心裡吧。

人類的心靈永遠不會隨著身體遭到完全的破壞。反而會有當中的某
種事物永遠存在著。〈第五部　定理二三〉

只要擁有健康的身體，
心靈也能一直保有活力。

品嘗美食，欣賞美麗風景，日日工作，我們的身體存在
著各種功能。為了讓我們能好好活出自己的人生，攝取
營養的食物，永遠保持健康很重要。

擁有能做到極多事物身體的人，其心靈的最大部分就會是永恆的。
〈第五部　定理三九〉

人生只有一次，
盡情享受這個「生命」吧。

開心、喜悅、憎恨、憤怒、迷惘和悲傷都是盡全力生活
的證明。沒有人知道自己的壽命會有多長，為了不讓自
己後悔，盡情充實自己的人生吧。

若身體不持續存在，心靈就不會想像事物，也無法回想過去。〈第
五部　定理二一〉

大耳狗喜拿讀倫理學

作　　　　者	朝日文庫編輯部
	Sanrio Company, Ltd.
	(1-6-1 Osaki, Shinagawa-ku, Tokyo, Japan)

執　行　長	陳君平
榮 譽 發 行 人	黃鎮隆
協　　　理	洪琇菁
總　編　輯	周于殷
翻　　　譯	林琬清
美 術 總 監	沙雲佩
美術指導＆設計	Yuko Fukuma
公 關 宣 傳	施語宸
國 際 版 權	黃令歡、高子甯

出　　　版　城邦文化事業股份有限公司　尖端出版
　　　　　　台北市南港區昆陽街16號8樓
　　　　　　電話：(02)2500-7600　傳真：(02)2500-1971
　　　　　　讀者服務信箱：spp_books@mail2.spp.com.tw

發　　　行　英屬蓋曼群島商家庭傳媒股份有限公司
　　　　　　城邦分公司　尖端出版行銷業務部
　　　　　　台北市南港區昆陽街16號8樓
　　　　　　電話：(02)2500-7600(代表號)　傳真：(02)2500-1979
　　　　　　劃撥專線：(03)312-4212
　　　　　　劃撥戶名：英屬蓋曼群島商家庭傳媒(股)公司城邦分公司
　　　　　　劃撥帳號：50003021
　　　　　　※劃撥金額未滿500元，請加付掛號郵資50元

法 律 顧 問　王子文律師　元禾法律事務所　台北市羅斯福路三段37號15樓

台灣地區總經銷　中彰投以北(含宜花東)　楨彥有限公司
　　　　　　電話：(02)8919-3369　傳真：(02)8914-5524
　　　　　　雲嘉以南　威信圖書有限公司
　　　　　　(嘉義公司)電話：(05)233-3852　傳真：(05)233-3863
　　　　　　(高雄公司)電話：(07)373-0079　傳真：(07)373-0087

版　　　次	2022年3月1版1刷
	2024年3月1版3刷
I　S　B　N	978-957-10-9255-3

國家圖書館出版品預行編目（CIP）資料

大耳狗喜拿讀倫理學 / 朝日文庫編輯部著. -- 1
版. -- 臺北市：尖端, 2022.3
　面；　公分
　ISBN 978-957-10-9255-3(平裝)

1.倫理學　2.修身　3.情緒管理　4.自我實現
192.1　　　　　　　　　　　　109016266